andré cayrel

enchanter la vie

tanka

Dessin et photos : André Cayrel
© D'un Jardin et André Cayrel, 2017

Au lecteur curieux, forcément curieux :

Le tanka est ce petit poème de 31 syllabes, en 5 vers impairs, sans ponctuation ni rimes, que nous ont transmis les maîtres japonais de la poésie, dès le VIIIème siècle, et qui persiste de nos jours avec une vigueur renouvelée à émouvoir le cœur des hommes.

Nous émouvoir, et chanter la nature, l'amour, la vie sous tous ses aspects, même les plus sombres, telle fut la mission qui, dès l'origine, lui fut confiée. En si peu de mots !

Une poésie sans superflu, sans doute la clé de sa durée. Une expression concise, la rigueur de la forme contrainte, la précision des termes, la mesure dans l'évocation des joies et des peines : un défi pour le poète ; et pour le lecteur aussi, dans la lecture à haute voix que la forme impose.

Il t'appartient, lecteur, de saisir avec précaution la construction délicate de ces quelques phrases et d'en tirer le sens qui te convient ; car le tanka ne se satisfait jamais (ou rarement) du premier degré de lecture, comme il échappe à l'esprit de l'auteur par son goût du double sens et de ses énigmes cachées sous d'aimables et fausses facilités.

Savoure, lecteur ! Derrière le sourire, l'ironie, la modestie, la mesure, le frisson, le clin d'œil, le poète André Cayrel chante la vie ; la vie, jusque dans ses plus petits détails : une feuille morte, un verre de vin, la trace d'un pas, le parfum d'une femme. Ces détails, précisément, qui sont le sel de nos jours.

A.G.

jours de joies

l'ombre du nuage
sur la page du carnet
début de tanka
page blanche page sombre
le soleil en marque page

un oiseau fend l'air
ce monde de délices
fermé à mes sens
je vole entre les lignes
un écran pour horizon

ce jour de juillet
un oiseau déjà joyeux
chante "je suis là"
plus jamais ce jour de joie
ne nous sera rejoué

c'est chez elle
c'est sa nuit c'est son été
la pipistrelle
elle évite l'invité
placé sur son passage

ses yeux ciel bleu frais
il faut peu de choses pour
enchanter la vie
un sourire sans paroles
les grandes amours sont muettes

tous deux allongés
dans le ciel et dans l'herbe
les nuages et nous
à l'endroit dans le vert
à l'envers dans le bleu

assis en lotus
sur le siège naturel
de l'herbe verte
le haut du crâne au soleil
envie la fraîcheur des fesses

au jardin zen
on parle du silence
devant les carpes
je pense à la recette
de la carpe farcie

couleurs tendres

l'araignée habite
seule au milieu des ruines
dans la fleur rouge
à l'avant dernier étage
de la rose trémière

vigne de mon père
une rangée de vieux ceps
toujours vert tendre
mais sans rires et jeux de mains
loin des vendanges à la main

quarante ans après
un seul visage au fond du puits
de mon pauvre père
ce soir des gouttes y tombent
troublant un regard lointain

jardin abandonné
les anémones de mon père
sont toujours là
toutes ses couleurs vives
pour presque personne

en bout de branche
rendant le ciel bien plus bleu
les pommes rouges
sur la toile nue elles
rougissent sous le pinceau

jardin en friche
les fleurs prennent le dessus
sur le potager
les marguerites libres
s'effeuillent passionnément

histoires d'eau

immobile et nu
dans l'eau froide du ruisseau
la grenouille aussi
la bouche au ras de l'eau
je lui envoie des ondes

elle a effleuré
le papillon sur ses doigts
de la poudre d'ailes
sur l'index multicolore
la palette du printemps

rosée du matin
deux demoiselles décollent
égouttant le jonc
les libellules collées
s'envoient en l'air en bleuté

nu dans le ruisseau
admirant sa baignoire
et ses ailes bleues
la libellule en plongée
toutes voiles déployées

la libellule
tout ses secrets de beauté
dans ses ailes bleues
l'admirer dans tes yeux bleus
la rend encore plus belle

chaud et froid

première chaleur
les corps en petite tenue
sont sans retenue
les décolletés blottis
tout l'hiver tremblotent en cœur

gorge rose sein
la couleur et la douceur
avant le soleil
jamais de mémoire de roses
elle n'a vu un jardinier

lunettes noires
les yeux cachés du soleil
mais pas le reste
les seins rivaux du regard
s'arrangent pour être vus

en se penchant
elle dévoile le sien
pour la nature
mon regard s'éternise
devant cet instantané

iceberg en ville
le haut de ses seins émerge
naturellement
son décolleté brise
la glace entre elle et moi

doudounes et fantasmes
le froid efface les fesses
des hommes et des femmes
les souvenirs de l'été
font la remise en forme

je pèle une orange
son parfum me rappelle
son corps dénudé
des quartiers au goût fruité
à celui au goût musqué

expo-photo de nu
je reste parmi des femmes
pour un seul parfum
au milieu de ce monde
en chercher l'origine

dernières chaleurs
les décolletés captent
les derniers regards
la fin du jour protège
leur douce complicité

jeux de lumière

une sieste à deux
soleil et volets s'affrontent
en sa présence
mes yeux sur les mille faces
de ceux de la mouche en face

la chambre envahie
le soleil entre en bandes
par les persiennes
des raies d'ombre et de lumière
habillent sa nudité

après midi d'été
retrouver comme un ado
le temps de l'ennui
les enfants jouent en silence
aux adultes sans tabous

sieste sous le tilleul
bercée par le bourdonnement
grisant des abeilles
je perçois comme un reproche
le travail des ouvrières

au vieux cerisier
les mêmes fleurs blanches
de mon enfance
qui le premier de nous deux
refleurira le dernier

cerisiers en fleurs
les abeilles ont-elles aussi
des désirs brûlants
le sourire sur tes lèvres
étamine de ton corps

terrain à bâtir
comme si de rien n'était
l'amandier fleurit
les enfants batifolent
aussi heureux qu'ignorants

la tête à l'envers :
l'enfant tétraplégique
poursuit de ses yeux
la fillette gambadant
entre les fauteuils roulants

souper sur le port
dans l'eau la lune rousse
de plus en plus rousse
tes taches de rousseur
de plus en plus douces

ciels de Provence

quittant la ville
les étoiles revivent
dans le vaste ciel
la petite et la grande ourse
réveillées se courent après

étoile filante…
faire le vœu de voir une autre
étoile filante…
faire le vœu de voir une
autre… étoile filante…

huile d'olive
de la cueillette des fruits
jusqu'à la pression
son odeur m'accompagne
et se prend pour la mienne

septembre en Provence
les oiseaux et les touristes
s'envolent au loin
les amours de vacances
trop fragiles restent là

bastide en Provence
dans son ancien silence
nos nouveaux bruits
celui de la pendule
va et vient entre eux

vieille bastide
la lézarde s'allonge
et s'ouvre en couleur
le lézard vert la couvre
de millions d'années d'amour

le ciel rouge sang
le jour au soleil levant
nait en combattant
des gens parlent à la radio
de la guerre en noir et blanc

le soleil se lève
les paupières se soulèvent
tel Adam et Eve
les lèvres cherchent les lèvres
la vie endormie s'élève

au soleil couchant
les verres remplis de vin
et de lumière
même celui de l'ami
qui ne boira plus jamais

retour en montagne
des étoiles se découvrent
dans ce nouveau ciel
sur la terre près de moi
un sourire est toujours là

soleil d'automne
je retrouve dans tes yeux
la lueur d'avant
ce soir je vois le bonheur
comme je te vois

terrasses en ville

place Jean Jaurès
caché derrière sa statue
un air de jazz
un morceau de saxo
dépasse du pardessus

théâtre de rue
les actrices vues de près
sont plus humaines
près des yeux et près du cœur
l'émotion au corps à corps

fête de la musique
des jeunes jouent du rock
d'avant leurs parents
des vieux écoutent du rock
d'avant leurs enfants

un veau de ville
sa voiture va moins vite
que mon vieux vélo
au feu rouge que je grille
il me jette son œil noir

terrasse vivante
je vois la vie traverser
à travers des verres
les rêves se réveillent
et s'inversent avec la vie

fontaine de Trevi
les fesses des statues
restent de marbre
assise sur la margelle
humide une femme rit

happy hours
appeler toutes les heures
des jours heureux
et si la vie finissait
toujours en happy hours

porte du ciel

l'amour ou la mort
qui se cache derrière
la porte du ciel
l'inconnu à l'horizon
entre désir et peur bleue

face à la porte
on rêve de se perdre
dans le bleu du ciel
qui l'ouvre en grand voit plus loin
qui voit trop loin ne voit plus rien

à main nue

si tendre la main…
un petit gant de femme
trouvé dans la rue
je l'imagine en douce
me donnant sa main nue

de ce gant perdu
une femme à inventer
aux mains si fines
toucher le bout de son doigt
amoureux de ses lèvres

la sœur de sa main
émue par sa nudité
désire être vue
se perdre aussi avec elle
retrouver les sens perdus

sa main dénudée
elle songe à l'inconnu
qui la découvre
ses doigts dévoilant l'autre
sa peau de plus en plus nue

dans ce gant de cuir
sentir l'animalité
est ce lui ou elle
la douceur de l'intérieur
fait penser à son sanctuaire

à imaginer
les caresses sur sa peau
les doigts se dressent
pareils à ceux qui donnent
la mort sans jamais blesser

ma main sur la sienne
la vie prend corps dans sa main
sans prendre de gants
nos doigts caressent nos rêves
et les corps d'où ils naissent

réveiller la vie

printemps sur l'Aubrac
en rut le taureau furieux
réveille l'Eros
émues les dames se taisent
en imaginant son but

sur le mont Ventoux
les biches et les sangliers
l'ont appris aussi
à chaque fois qu'un homme
les voit ils sont en sursis

après l'orage
l'herbe sèche se couche
dans le lit de l'oued
les cailloux ronds se reposent
après leur long voyage

non recyclée
la boîte sans ses sardines
en liberté
son reflet au soleil
illumine la décharge

une fois par vie
on rêve de la neige
cette nuit peut être
son silence lumineux
éclaire ma nuit blanche

lourd silence blanc
au lit dans l'aube endormie
heureux d'être en vie
des souris s'agitent en haut
enfin les bruits des vivants

neige sur neige
silence sur silence
un monde s'efface
entre nos deux corps flous
seuls les baisers sont vrais

mon Dieu qu'il fait froid
sur la boule de graisse
l'oiseau croit en moi
quand on est aimé on est
tous un dieu sans le savoir

sourire aux lèvres

ses lèvres salées
après la mer, les sucrées
c'est pour le goûter
tous les goûts de sa nature
condensés dans ses baisers

instant éternel
les vagues s'immobilisent
pour laisser passer
toute la beauté du monde
éphémère d'un corps nu

les jours rallongent
sur la plage on joue déjà
les prolongations
une femme s'allonge
sur l'homme passe le temps

elle vient vers moi
la dame sur la plage
de plus en plus nue
mes yeux plongent dans ses yeux
la mer n'est pas aussi bleue

printemps en ville
presqu'autant d'hommes amoureux
que de femmes
prenant pour prétexte
la reproduction de l'espèce

sourire en passant
un je-ne-sais-quoi offert
par je-ne sais-qui
sans-façon je lui réponds
sans peur du qu'en-dira-t-on

le métro bondé
elle murmure je t'aime
à son portable
on aimerait tant crier
je t'aime dans le métro

choc dans le métro
je vois le chien d'aveugle
me tirer la langue
l'aveugle souriante
me regarde sans me voir

tendres retrouvailles
au plaisir de s'enlacer
nos bouches s'entrouvrent
on s'embrasse sur les joues
laissant nos lèvres étonnées

eskiss d'un baiser…
on s'amuse avec ma muse
dans le musée
les seins parfaits des statues
ne nous ont pas convaincus

chemins empruntés

chemin de Saint Jacques
chacun dit coquelicot
dans sa langue
t'es beau comment te le dire
poppy ou amapola

tous ces chants fleuris
tous ces champs d'oiseaux et nous
marchant ensemble
sur le chemin tant de fleurs
d'animaux si peu de mots

chapelle perdue
des intrus entrent et brisent
un instant serein
bienheureux ceux qui écoutent
et vénèrent le silence

vers Compostelle
je marche dans la lumière
mon ombre derrière
flotte sur la poussière
où ma chair retournera

avant l'arrivée
certains allongent le pas
d'autres ralentissent
soleil sur tous les visages
et la bruine dans les yeux

chemin de Saint Jacques
à la fin on retrouve
tous les pas perdus
on pense aussi aux autres
qu'on ne fera jamais plus

verre après verre
on tourne sur la plaza
de plus en plus ronds
sur le chemin du retour
le vin remplace la foi

filles-fleurs

les jeunes filles
vont sur la route en chantant
de vieilles chansons
de celles dont la mémoire
à présent nous fait pleurer

jeunes filles en fleurs
le temps des robes légères
et de leurs senteurs
croisant leur parfum de vierge
j'ai frôlé la vie d'avant

« aidez moi »
a écrit la jolie blonde
assise par terre
dans la ville lumière
même le malheur est beau

la feuille morte
posée sur le marbre noir
de la jeune fille
dans son visage émaillé
ses yeux bleus écaillés

elles

elle et lui au bar
parlant de mille choses
ne pensant qu'à une
certaines nuits on se dit
que l'on ne vit que pour ça

lorsqu'elle s'assoit
on perçoit un peu de peau
cachée sous la soie
si c'est un stratagème
j'aime ce don de soi

je sais quand elle aime
elle ne le sait pas, sa voix
se fait plus douce
surtout dans la nuit noire
où seul ce sens la dévoile

à Saint Valentin
elle préfère un cadeau
fait à la main nue
le présent en gémissant
enveloppe les amants

pourquoi m'aime-t-elle
je ne l'ai jamais compris
peut être voit-elle
dans mon amour pour elle
les beautés qui sont en elle

elle avait toujours
l'air blessé seuls ses yeux bleus
livraient son secret
l'amour guérit le passé
d'une blessure nouvelle

j'y pense souvent
à sa folle exigence
l'amour fou brûle
les corps et l'existence
le sien brûlait l'amour même

comme elle était belle
celle qui t'a fait entrer
la première fois
comment sera-t-elle
celle de la dernière

premier rendez-vous
elle fait sonner son nom
avec son prénom
rassurée par le vous
une envie de se rendre

dernier rendez vous
je revois son doux visage
que j'aimais tant
les sentiments sont partis
seul reste son sourire

à l'arrêt de bus
deux amoureux s'embrassent
seuls dans la foule
un vieux couple leur sourit
le bonheur ne s'oublie pas

d'éphémère
l'instant devint éternel
je crois aux miracles
depuis ce jour où ma main
a conquis sa toison d'or

elle est unique
la partie la plus douce
que l'on puisse voir
dénudée par son chignon
bien plus que nue sa nuque

ces mots crus lancés
claquent comme une fessée
malgré la distance
nos envois sont les prémisses
du plaisir par la pensée

figue nouvelle
la langue entre dans son cœur
comme dans du beurre
on ressent en la suçant
l'émotion de la première

nue entre mes bras
le plaisir qu'elle me donne
n'effacera pas
celui de la découverte
le désir de l'inconnue

saisons vives

soirée d'automne
son corps redécouvert
sans maillot de bain
l'absence laisse à l'amour
le temps d'apprendre à nager

feuilles d'automne
tombées à terre en beauté
des talons aiguilles
les achèvent sans pitié
la morte a fait sa belle

longue nuit d'hiver
peu à peu les mots superflus
s'éloignent
les souvenirs lointains
se rapprochent en silence

qu'y a-t- il à voir
le reflet des sommets blancs
dans le lac c'est tout
ce peu nous comble pourtant
si on le regarde à deux

la mélancolie
d'un énième anniversaire
la gratitude aussi
dans l'arbre encore vert
les premières feuilles d'or

au premier matin
on aimerait bien changer
quelque chose
au premier matin de l'an
seul le temps a changé

parfums retrouvés

cahier retrouvé
il reste l'ombre des mots
du jeune écolier
entre les phrases effacées
l'odeur de l'encre est restée

vieille Moleskine
je retrouve un vieux haïku
de ma jeunesse
la forme fait sourire
les larmes touchent le fond

marché aux puces
un trousseau brodé tout neuf
vieux de cent ans
cent ans de solitude
cent ans d'amour sans retour

l'armoire pleine
de draps et de lavande
en mille feuilles
les fleurs mariées à la vie
l'amour parfume le lit

la corde à linge
ôter l'eau tel est son lot
le rôle de sa vie
l'humidité des petites
culottes l'émeut toujours

théâtre d'ombres

feux tricolores…
la préférence des Roms
va vers les dames
ils invitent à la danse
le ballet des essuie-glaces

u as pour frontière
dans les terres et dans les airs
son corps et sa vie
si tu perds tes racines
ton pays devient désert

dans les courants d'air
une ombre gelée nous juge
la mendiante mendie
ses enfants jouent les passants
passent la misère reste

grand froid en ville
des cartons recyclés
en maison de fortune
foutre le feu à d'autres
infâmantes fortunes

on l'a vu trop tard
il y avait tant de chaleur
sous son air glacial
il faudrait pour les gens bien
un rien qui les distingue

le miroir vieillit
son reflet dans la glace
l'a surprise
il ne sait plus lui mentir
comme les autres matins

à son dernier jour
ses yeux caves si noirs
si lointains si vrais
la peur vue dans son regard
lui qui n'avait jamais peur

à l'enterrement
il nous aurait fait rire
mais il n'est plus là
en ce jour ceux qui sourient
sont souvent les plus tristes

sorties de l'urne
les cendres dans la poussière
et les fleurs sauvages
elles seules fleuriront
quand nous serons en terre

chœur de la chapelle
tout seul sonner la cloche
pour je ne sais qui
le coup de cœur avec elle
seule pour le partager

les rires d'enfants
chose dure à entendre
quand vient le soir
pourtant ils étaient si tendres
ceux partagés avec toi

en fin de journée
une autre me remplace
dans la lumière
la silhouette muette
plus que l'ombre de moi-même

vieux instantanés
des photos où tous on rit
sans les ouistitis
je me souviens de tout
surtout ce qu'on n'y voit pas

la vie c'est comme ça
on joue des petites pièces
sans savoir la fin
parfois on brûle les planches
souvent on est figurants

aux éditions D'un Jardin :

Alhama Garcia, Collines, 365 tanka, 2014
Nicole Gremion, Haïkus et Tanka, 2015
Haïkus d'automne, collectif, 2016
Amoureuses, (tanka) collectif, 2016

(tous disponibles sur le site Amazon.fr)

www.ingramcontent.com/pod-product-compliance
Lightning Source LLC
Chambersburg PA
CBHW051707040426
42446CB00008B/757